BILDER UND GESCHICHTEN

G. Richardson, MA
Senior Lecturer in Education, University of Hull

Waltraut Lewent-Weimar
Head of the German Department
Cardinal Newman School, Coventry

Illustrated by Jane Michaelis

Edward Arnold

First published 1975
by Edward Arnold (Publishers) Ltd
25 Hill Street, London W1X 8LL

Reprinted 1977

ISBN 0 7131 0000 1

Text set in 10/11 pt. Photon Times, printed by photolithography, and bound in Great Britain at The Pitman Press, Bath

Preface

It is more than twenty years since the publication of *Illustrierte Geschichten*, and whilst the basic principles of Free Composition based on a combination of pictures to tell the story, and an oral approach to encourage confidence and fluency remain as sound as ever, the need has long been felt for a continuation book.

However, we have tried in this book to do more than simply supply a series of new 'plots'. German is now being taught to a much wider spread of ability; the final examination at 16+ is no longer exclusively GCE O level; pupils' interests, habits, and motivations have changed. We have endeavoured therefore to provide a wide variety of carefully graded topics, ranging from the description of a single-picture composition in the present tense, to the CSE and GCE six-picture type to be worked through unaided, and at the same time to bring the interest and the visuals up to date so as to present a reasonable picture of present-day Germany.

WL-W
GR

Introduction

How to write a Free Composition

Free Composition is easy because in it you can say anything you want to say (provided it is in good German, and has something to do with the topic), and you cannot be forced to write about anything you do not know the German for, nor to use any words or idioms or constructions you are unsure of. Take the case of the picture opposite, for example. You can tell this story quite adequately without knowing the German for 'a stethoscope', 'he sounded her chest', 'a pullover with a diamond pattern', and so on. *If you don't know these things, don't even try to mention them: say something else instead!* So if you don't know 'der Arzt', call him 'Doktor Müller'; if you're not sure of how to spell 'Müller', give him another name which you *can* spell.

If it helps you to make a list of words and expressions which you know and which spring to mind as you look at the picture, by all means do so, but remember – write down only *German* words! Don't waste time thinking in English and trying to translate your thoughts into German.

The outlines or questions provided with the pictures will help you to string your words together, but of course you don't have to answer every question nor to mention every detail. Above all, remember:

IF YOU DON'T *KNOW* IT'S RIGHT,
DON'T USE IT!
SAY SOMETHING ELSE INSTEAD!

Erster Teil

1 Frau Hafner ist krank

Heute ist Frau Hafner . . .
Muß sie im Bett bleiben?
Um wieviel Uhr kommt der Arzt?
Er untersucht Frau Hafner und sagt, „Sie sind . . .,
Frau Hafner.
Sie müssen . . . Tage im Bett bleiben. Sie haben Fieber".
Ist Frau Hafner froh, im Bett zu bleiben?
Wer bringt ihr ein Glas heiße Milch?
Wie heißt ihre Tochter?

Wo sitzt sie?
Wer sagt: „Ich mache die Hausarbeit, Mutti!"?
Wer kann das Geschirr abwaschen?
Was tut Herr Hafner, um seiner Frau zu helfen?
Wann darf Frau Hafner wieder aufstehen?

Schreiben Sie 80 bis 100 Worte
Benutzen Sie mindestens drei der folgenden Ausdrücke:

vier Tage später	um neun Uhr morgens
eine Woche später	um zwei Uhr nachmittags
um seiner Frau zu helfen	um der Mutter zu helfen

2   In der Stadt

Ist das die Mitte der Stadt?

Auf der Straße sind viele Autos, viele . . ., und eine . . . .

Was sieht man im Vordergrund?

Wieviele Radfahrer halten da?

Warum müssen sie warten?

Ist die Verkehrsampel rot?

Wer überquert die Straße?

Wieviele Leute warten auf die Straßenbahn?

Wie spät ist es?

Wo fahren die Autos hin, und wohin gehen viele Leute?

. . . ist ein großer Laden. Vor dem Laden stehen . . . .

Im Laden kann man . . . und . . . kaufen.

Schreiben Sie 80 bis 100 Worte

Benutzen Sie mindestens drei der folgenden
  Ausdrücke:

im Vordergrund

an der Straßenecke

im Hintergrund

Weil die Verkehrsampel rot ist, . . .

Jeden Tag, um 14 Uhr, . . .

Während sie warten, . . .

Während sie die Straße überqueren, . . .

3 Ferien auf dem Lande

Wo verbringt Familie Meier die Sommerferien – am Meer,
in den Bergen oder auf dem Lande?

Wo haben sie ihr Zelt aufgeschlagen?

Ist es jetzt Morgen oder Abend?

Was essen sie?

Was gibt es zu trinken?

Ist es Sommer oder Herbst?

Wie ist das Wetter?

Wohin fährt der Bus?

Was gibt es in der nächsten Stadt zu sehen?

Setzt Familie Meier morgen ihre Reise fort? oder müssen sie
die Heimreise antreten?

Wie lange haben sie noch Urlaub?

Schreiben Sie 80 bis 100 Worte
Benutzen Sie mindestens drei der folgenden
  Ausdrücke:

an einem schönen Sommertage
bei solchem Wetter
morgen
heute
dieses Jahr

Da es in der Ecke der Wiese so schön ist . . .
Weil sie nur noch zwei Tage Urlaub haben
am Mittag

7

4 Im Supermarkt

Was für ein Geschäft ist das?

Was kauft man in einem Supermarkt?

Was für Backwaren gibt es?

Was für Obst und Gemüse gibt's?

Wo ist das Restaurant?

Was kann man da tun?

Was nimmt man zuerst, wenn man in einen
    Supermarkt hineingeht?

Was legt man in den Korb?

Wo muß man zahlen?

Warten viele Leute an der Kasse?

Was hat die Frau im Vordergrund gekauft?

Schreiben Sie 80 bis 100 Worte

Benutzen Sie mindestens drei der folgenden Ausdrücke:

Beim Hineingehen in einen Supermarkt nimmt man . . .

Nachdem man seine Einkäufe gemacht hat, geht man . . .

um Backwaren zu kaufen . . .

Wenn man Obst kaufen will, wählt man . . .

Weil viele Leute an der Kasse sind, muß man . . .

Nachdem sie alles gekauft hat, geht Frau Meinhold . . .

zuerst

um neun Uhr

gestern

morgen

heute

5 Auf dem Campingplatz

Zu welcher Jahreszeit sind wir hier?

Wie ist das Wetter? Ist es heiß oder kalt?

Wo haben die jungen Leute ihre Zelte aufgeschlagen? – im
    Walde, am Meer oder am Ufer des Flusses?

Was machen sie jetzt?

Wie heißen die Jungen, die schwimmen?

Wer segelt?

Wer hat ein Paddelboot?

Wieviele Leute sind am Landungssteg?

Was machen sie da?

Was spielen die Leute vor den Wohnwagen?

Schreiben Sie 80 bis 100 Worte
Benutzen Sie mindestens drei der folgenden
  Ausdrücke:

Weil es so heiß ist, gehen sie . . .
bei solchem schönen Wetter
früh am Morgen
mit fröhlichem Geschrei
sehr froh, seine Freunde zu sehen

den ganzen Tag
stundenlang
eine Minute später
etwas später
bei Tagesanbruch

Zweiter Teil

There are now four pictures to describe, so write less about each! Do not answer every question, unless you want to.

6   Das Fußballspiel

Erstes Bild

Wer ging Fußball spielen?

Wie hießen die zwei Freunde?

Hatten sie beide ein Fahrrad, oder mußten sie zu Fuß gehen?

Zweites Bild

Wo trafen sie ihre Freunde?

Was sagten sie zueinander?

Wo fuhren sie dann hin?

War es weit bis zum Sportplatz?

Um wieviel Uhr kamen sie am Sportplatz an?

Drittes Bild

Wie lange dauerte das Spiel?

War das ein harter Kampf?

Wer siegte?

Waren sie müde?

Viertes Bild

Um wieviel Uhr fuhren sie nach Hause?

Waren sie froh oder traurig?

Was sagten sie zu ihren Freunden?

Was gab es zum Abendessen, als die zwei Freunde zurückkehrten?

Schreiben Sie ungefähr 110 Worte!

Benutzen sie mindestens fünf der folgenden Ausdrücke:

an einem schönen Herbstmorgen
zehn Minuten später
ohne weiteres
ohne einen Augenblick zu verlieren
nach dem harten Spiel
Weil sie hungrig waren, . . .
„Auf Wiedersehen!"
Als sie ihre Freunde sahen, . . .
später am Nachmittag

7

Erstes Bild

Wer besuchte den Tiergarten?

Wann?

Wie war das Wetter?

Welche Tiere sahen sie zuerst an?

Zweites Bild

Wo waren die Affen?

War der Käfig groß oder klein?

Was war verboten zu tun und warum?

Waren die Tiere gefährlich oder nur neugierig?

Wo saß der kleine Schimpanse?

Wie sah er aus – war er traurig? hungrig?

Was reichte ihm das kleine Mädchen?

Drittes Bild

Was nahm er dem Mädchen vom Kopfe?

Was für eine Mütze war das?

Welche Farbe hatte sie?

War das Mädchen erstaunt? erschrocken? entsetzt?

Viertes Bild

Wer kam herbeigeeilt?

Was sagte der Tierwärter?

Worauf deutete er?

Nahm er dem Schimpansen die Mütze weg?

Was sagte der Wärter zum Mädchen?

War sie traurig?

Schämte sie sich?

Schreiben Sie ungefähr 110 Worte, und erfinden Sie einen Titel für die Geschichte!
Benutzen Sie mindestens fünf der folgenden Ausdrücke:

An einem schönen Sommertage

Eines Tages

Während der Ferien

Von ihrem Bruder begleitet, . . .

Mit ihrer neuen bunten Mütze auf dem Kopf, ging sie . . .

Da der Affe so traurig aussah, . . .

Ohne auf die Warnungstafel zu achten, . . .

Trotz der Warnung „Nicht Füttern"
blitzschnell

eine Sekunde später

Indem er sich die Mütze aufsetzte, . . .

Nachdem er dem Affen die Mütze fortgenommen hatte, . . .

„Das darfst du nicht tun!"

„Kannst du nicht lesen?"

14

8   Karl geht angeln

Erstes Bild

        Wer ging zum Fluß?

        Wie hießen die Jungen?

        Was wollten sie fangen?

        Was muß man mitnehmen, wenn man angeln geht?

        Worin trug Karl die Würmer?

        Wo hatte er seine Angelrute?

        Was war in der anderen Dose?

Zweites Bild

        Wo setzten sie sich hin?

        Wo legte Karl die Dosen hin?

        War es schön am Ufer des Flusses?

        Was begann Karl zu essen, während er wartete?

        Waren beide Dosen offen oder geschlossen?

        Schmeckten ihm die Butterbrote?

Drittes Bild

        Was fing er plötzlich?

        War er aufgeregt?

        Ließ er das Butterbrot fallen?

        War er immer noch hungrig?

        Wollte er noch ein Butterbrot nehmen?

        Nach welcher Dose streckte er die Hand aus?

Viertes Bild

        Was nahm er daraus?

        Bemerkte er, daß er einen Wurm genommen hatte?

        Betrachtete er den Wurm oder nur den Fisch?

        Was sagte er, als er sich den Wurm in den Mund steckte?

Schreiben Sie ungefähr 110 Worte!

Benutzen Sie mindestens fünf der folgenden Ausdrücke:

an einem schönen Sommertage

von seinem Freund begleitet

mit der Angelrute in der Hand

eine Stunde später

Da er hungrig war, . . .

Weil er immer noch hungrig war, . . .

so schnell wie möglich

Ohne zu bemerken, was er machte, . . .

zu seinem großen Erstaunen

nach kurzer Zeit

ohne einen Augenblick zu verlieren

gestern

letzte Woche

morgenfrüh

Während er auf die Fische wartete, . . .

sehr aufgeregt

Als sie zum Fluß kamen, . . .

bald

Ohne achtzugeben, . . .

9   Das vergessene Erdkundeheft

Erstes Bild

Wie spät war es?

Wer machte seine Hausaufgaben?

War es Erdkunde, Französisch oder Latein?

Hatte er Erdkunde gern?

Zweites Bild

Was legte er endlich in seine Mappe?

Was sagte er sich – war er sicher, daß alles für
die Schule am nächsten Morgen bereit war?

Welches Heft hatte er aber vergessen?

Legte er sein Erdkundeheft auch in die Mappe?

Drittes Bild

Um wieviel Uhr kam er am nächsten Morgen in der Schule an?

Hatte die Erdkundestunde schon begonnen?

Was sagte er dem Lehrer?

Was antwortete dieser?

Viertes Bild

Wo waren die Hefte seiner Kameraden schon?

Wohin sollte er sein Heft auch legen?

War das Heft in seiner Mappe?

Wo lag es immer noch?

Was sagte er dem Lehrer?

Was antwortete dieser?

Schreiben Sie ungefähr 110 Worte!
Benutzen Sie mindestens fünf der folgenden Ausdrücke:

um zehn Uhr abends

spät

Da er noch nicht fertig war, . . .

Um alles für den nächsten Tag fertig zu machen, . . .

eine halbe Stunde später

sehr müde

um acht Uhr

Weil Erdkunde nicht sein Lieblingsfach war, . . .

Sehr froh, seine Hausaufgaben gemacht zu haben, . . .

Als er die Mappe öffnete, . . .

„Leg dein Heft auf den Tisch zu den anderen!"

„Wo mag mein Heft sein?"

Weil der Erdkundelehrer ein strenger Mann war, . . .

Bahnsteig 1

Haltestelle

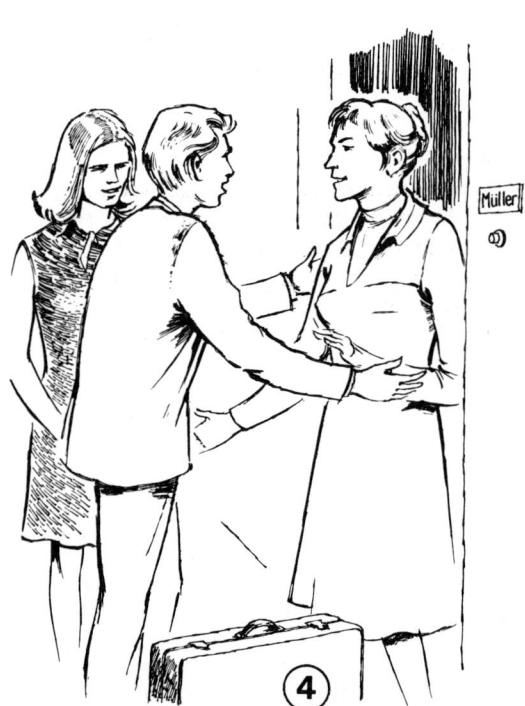

Müller

18

10

Erstes Bild

Wer holte den Freund am Bahnhof ab?

Wie hieß das Mädchen?

Wie alt war sie?

Und der junge Mann?

Wie lange sollte er bei ihrer Familie bleiben?

Zweites Bild

Wo stiegen sie in die Straßenbahn?

Wie lange dauerte die Fahrt?

Wovon sprachen sie unterwegs?

Drittes Bild

Wo stiegen sie endlich aus?

Was sagte das Mädchen?

Wo wohnte ihre Familie – in einem Haus oder in einer Wohnung? In welchem Stock?

Viertes Bild

Wer kam an die Tür, als sie klingelten?

War Frau Müller froh, sie zu sehen?

Was sagte sie zu dem jungen Mann?

War das Mittagessen bereit?

Was machten sie am Nachmittag?

Schreiben Sie ungefähr 110 Worte, und erfinden Sie einen Titel für die Geschichte!
Benutzen Sie mindestens fünf der folgenden Ausdrücke:

letzten Samstag

vorige Woche

um ihren Freund abzuholen

nach zweistündiger Fahrt

eine Viertelstunde später

Als die Straßenbahn ankam, . . .

nach kurzer Fahrt mit der Straßenbahn

seit zwei Jahren

Sehr froh, den jungen Mann zu sehen, . . .

„Wir wohnen dort oben!"

„Das Mittagessen ist fertig! Wir essen sofort!"

(1)

(2)

(3)

(4)

11 Die zerstörte Mittagsruhe

Erstes Bild

> Wer war auf dem Sportplatz?
>
> Beschreiben Sie die Jungen!
>
> Wie war das Wetter?
>
> Welche Tageszeit war es?
>
> Was machten die Personen im Hintergrund?

Zweites Bild

> Wer befand sich im Garten?
>
> Was taten sie beide?
>
> Wohin flog der Ball?
>
> Wer hatte den Ball geschossen?

Drittes Bild

> Wen traf der Ball?
>
> War die Frau glücklich, böse oder erschrocken?
>
> Was machte ihr Mann?
>
> Was sagten die Jungen?

Viertes Bild

> Wohin flog der Ball, als der Mann ihn schoß?
>
> Was riefen die Jungen?
>
> War der Mann ein guter Fußballer?
>
> Was geschah am Ende der Geschichte?
>
> Was sagte die Frau zu ihrem Mann?

Schreiben Sie ungefähr 110 Worte!

Benutzen Sie mindestens fünf der folgenden Ausdrücke:

Während der Mittagsstunde

an einem Sommertag

an einem warmen Frühlingstag

Während sie im Liegestuhl lag, . . .

Weil er den Garten umgraben mußte, . . .

Nachdem sie die illustrierte Zeitung gelesen hatte, . . .

Um seiner Frau zur Hilfe zu kommen, . . .

Da er ein guter Fußballer war, . . .

Da die Jungen ihn aufforderten, mitzuspielen . . .

„Wollen Sie mitspielen?"

22

12   Ein schwieriges Problem wird gelöst

Erstes Bild

Wo saß die Familie Plath? Wann?

Welches Programm war angestellt?

War das ein Sportprogramm oder ein Tanz auf dem Eis?

Warum wollte die Tochter umschalten? Welches Programm wollte sie sehen?

Was rief der Sohn?

Zweites Bild

Gelang es der Tochter, ihr Lieblingsprogramm zu sehen?

Wer sah mit ihr fern?

Was tat aber der Vater?

War der Junge böse, glücklich, ungeduldig?

Drittes Bild

Wann kam der Vater wieder nach Hause?

Wie spät war es?

Was machte eben die Mutter?

Was brachte der Vater mit?

Was machten die Kinder?

Was sagten sie?

Viertes Bild

Wo saßen Mutter und Tochter am selben Abend?

Wo saßen die anderen?

Waren sie unzufrieden, glücklich oder traurig?

Welches Programm hatten Vater und Sohn angestellt?

Was sagte Frau Plath zu ihrem Mann?

Schreiben Sie ungefähr 110 Worte!
Benutzen Sie mindestens fünf der folgenden Ausdrücke:

in einem gemütlichen Zimmer
Weil sie das Sportprogramm am Wochenende sehen wollten, . . .
Als sie umschalten wollte, . . .
voller Interesse
am nächsten Tag
in der nächsten Woche
Weil sie einen Boxkampf sehen wollten, . . .
zur gleichen Zeit
gleichzeitig
Weil Mutter und Tochter einen Tanz auf dem Eis sehen wollten, . . .

13 Am besten fährt man mit dem Zug!

Erstes Bild

Wann sagte Herr Wiedermeier seiner Frau „Auf Wiedersehen!"?

Wo stand sie?

Was tat das Baby?

Wie spät war es?

Wo fuhr Herr Wiedermeier hin?

Wo arbeitete er?

Um wieviel Uhr mußte er im Büro sein?

Zweites Bild

Wer wartete an der Bushaltestelle?

Wie heißt Herr Wiedermeiers Freund?

Warteten viele Leute auf den Bus?

Wohin wollten sie fahren?

Zog Herr Wiedermeier es vor, mit dem Bus oder mit
dem Zug in die Stadtmitte zu fahren? Warum?

Fährt man schneller mit dem Bus oder mit dem Zug?

Was sagte Herr Wiedermeier zu seinem Freund, und was erwiderte dieser?

Drittes Bild

Wann erreichte Herr Wiedermeier den Bahnhof?

Kam er zu spät an?

Wann fuhr der Zug gewöhnlich ab?

Fuhr er eben aus dem Bahnhof, als Herr Wiedermeier den Bahnsteig erreichte?

Viertes Bild

Wohin mußte Herr Wiedermeier schnell zurückkehren?

Wartete sein Freund noch an der Haltestelle?

Wo saß er?

War der Bus, der eben abfuhr, völlig besetzt?

Warteten noch mehr Leute auf den Bus?

Wer war jetzt der Letzte in der Schlange?

Wann würde er im Büro ankommen?

War er froh- zornig – enttäuscht?

Und sein Freund?

Was sagten sie zueinander?

Schreiben Sie ungefähr 120 Worte!

Benutzen Sie mindestens fünf der folgenden Ausdrücke:

gestern

wie gewöhnlich

letzte Woche

Die Mappe in der Hand und den Mantel über dem Arm, . . .

an der Bushaltestelle

Während er auf den Bus wartete, . . .

„Mit dem Zug geht's aber schneller!"

„Meinst du? Glaube ich nicht!"

Genau in dem Augenblick, in dem er ankam, . . .

zu seinem großen Erstaunen

eine ganze Menge Leute

fünf Minuten später

Da er es so eilig hatte, . . .

Lächelnd sagte sein Freund:

Während er bequem im Bus saß, rief er Herrn Wiedermeier zu:

14 Wer zuletzt lacht, lacht am besten!

Erstes Bild

Wo saß Familie Zeder?

Warum arbeiteten sie nicht? Welcher Tag war heute?

Wie war das Wetter? War es kalt oder heiß?

Waren sie hungrig oder durstig?

Was wollten sie alle haben?

Was sagte der Kellner, als er an ihren Tisch kam?

Wer bestellte: „Viermal Eisbecher, bitte!"

Zweites Bild

Was geschah, als der Kellner im Begriff war, die Eisbecher zu bringen?

Wieviele Eisbecher fielen auf den Boden?

Waren der Vater, die Mutter und die Tochter erschrocken?

Tat ihnen der arme Kellner leid?

Wer lachte aber laut, schrie „Bravo!" und klatschte in die Hände?

Drittes Bild

Was sagte der Vater zum Kellner, als dieser die drei Eisbecher servierte?

Für wen sollte der vierte, verdorbene Eisbecher sein?

Brauchte der Kellner einen neuen Eisbecher zu bringen?

Viertes Bild

Was sagte der Vater zum Sohn?

Was mußte dieser tun, während die anderen aßen?

Wie war ihm zu Mute?

Schreiben Sie ungefähr 120 Worte!

Benutzen Sie mindestens fünf der folgenden Ausdrücke:

an einem heißen Sommertage

eines schönen Tages im August

letzten Samstag

Da es so furchtbar heiß war, . . .

sofort

Da sie alle durstig waren, . . .

drei Minuten später

an einem runden Tisch

Als er im Begriff war, die Eisbecher zu bringen, . . .

„Das tut mir aber leid!"

„Das ist schade!"

„Das Eis schmeckt aber wunderbar, Hans!"

„Oh, der arme Mann!"

mit lautem Lachen

15 Advent und Weihnachten in Deutschland

Erstes Bild

An welchem Sonntag saß die Familie beisammen?

Wer gehörte zur Familie?

Wieviele Kinder waren da?

Wer spielte die Mundharmonika und wer die Geige?

Wer sang dazu?

Zweites Bild

Was für ein Tag war heute? Der wievielte war es?

Wer war im Kinderzimmer?

Was machten sie? – und für wen?

Was hing an der Wand?

Wieviele Tage blieben noch bis Weihnachten?

Drittes Bild

Wo waren die Eltern indessen?

Was kauften sie ein?

Für wen war der Rennwagen?

Was überlegte die Mutter?

Wieviel Geld würden sie brauchen?

Viertes Bild

Wann feiert man in Deutschland Weihnachten?

Welches Lied sang die Familie?

Was lag unter dem Tannenbaum?

Wer packte zuerst aus?

Was war in den Päckchen?

Schreiben Sie ungefähr 120 Worte!
Benutzen Sie mindestens fünf der folgenden Ausdrücke:

um den Tisch mit seinem schönen Adventskranz
Der Adventskalender an der Wand zeigte, daß . . .
Wenn die Lichter brannten, . . .
Um ihn auf der Geige zu begleiten, . . .
Um Weihnachtsarbeiten zu machen, . . .
unterdessen
inzwischen
drei Tage später
Weil nur noch vier Tage übrig blieben, . . .
Nachdem sie die Sache gut überlegt hatte, . . .
Weil sie vorsichtig wählen mußte, . . .
im Kerzenschein
am Heiligabend
„Fröhliche Weihnachten!"

Dritter Teil

Jetzt haben Sie SECHS Bilder zu beschreiben! Schreiben Sie also nicht so viel über jedes Bild – es ist nicht nötig, auf JEDE Frage zu antworten! Wir beginnen mit ein paar Lektionen, die wirklich sehr leicht sind – Viel Vergnügen!

16   Ein Tag im Leben der Familie Fischer

Erstes Bild

Wieviele Leute sind in dieser Familie?

Wie heißen die Kinder?

Wie alt sind sie?

Arbeiten sie, oder gehen sie noch in die Schule?

Um wieviel Uhr steht die Familie gewöhnlich auf?

Wer bereitete das Frühstück heute morgen vor?

Wer deckte den Tisch wie gewöhnlich?

Zweites Bild

Wer spült gewöhnlich das Geschirr ab?

Wie spät war es heute morgen, als sie diese Arbeit begann?

War es später als gewöhnlich? Hatte sie es eilig?

Drittes Bild

Arbeitet Herr Fischer in der Stadt?

Verließ er das Haus als Erster?

Um wieviel Uhr fuhr er heute morgen ab?

Wann ging der Junge in die Schule? Ist die Schule weit vom Haus entfernt?

Wo arbeitet Frau Fischer als Sekretärin?

Was für eine Firma ist das?

Viertes Bild

Um wieviel Uhr beginnt Frau Fischer ihre Arbeit?

Was tut sie den ganzen Tag?

Was tut sie, wenn jemand anruft?

Hatte sie viel Arbeit heute? War das anstrengend?

Fünftes Bild

Was tut sie am Mittag, wenn sie ein paar Minuten frei hat?

Wo macht sie ihre Einkäufe?

Ist das in der Nähe von ihrem Büro oder weit entfernt?

Was kaufte sie heute?

Sechstes Bild

Um wieviel Uhr kommen sie alle nach Hause?

Was tun sie alle, um der Mutter zu helfen?

Wer machte heute das Abendessen fertig?

Wer deckte den Tisch? Was tat Herr Fischer?

Schreiben Sie ungefähr 120 Worte!

Benutzen Sie mindestens fünf der folgenden Ausdrücke:

um ihre Einkäufe zu machen

um sieben Uhr

jeden Tag

Da sie alle arbeiten, . . .

Weil die Mutter als Sekretärin bei einer großen
    Firma arbeitet, . . .

um ihrer Mutter zu helfen

später am Abend

    sorgfältig

„Wiedersehen, Mutti!"

nach dem Essen

zur selben Zeit

eins nach dem anderen

Weil sie um acht Uhr in der Schule sein muß, . . .

17

Erstes Bild

Wohin fuhr Karl?

Wann mußte er in der Schule sein?

Wieviel Uhr war es schon?

Hatte er es eilig?

Was hatte er hinten auf seinen Gepäckträger geschnallt?

War es weit bis in die Schule?

Wie lange brauchte er gewöhnlich?

Zweites Bild

Wann bemerkte er, daß sein Vorderrad kaputt war?

Wie lange brauchte er, um das zu reparieren?

Drittes Bild

Wo legte er seine Schulbücher hin, während er sein Rad flickte?

Wieviele Löcher hatte sein Reifen? Wo war sein Flickzeug?

Wieviele Flicken brauchte er?

Viertes Bild

Wohin fuhr er dann in immer größerer Eile?

Wußte er schon, daß er unmöglich zur rechten Zeit ankommen könnte?

Was ließ er in seiner Hast liegen?

Fünftes Bild

Um wieviel Uhr kam er in der Schule an?

Was geschah, als er seine Bücher nicht zeigen konnte?

Was sagte die Lehrerin?

Und was antwortete der arme Junge?

Sechstes Bild

Wer fand die Bücher am Straßenrand?

War der Alte erstaunt?

Hatte Karl seine Adresse auf die Mappe geschrieben?

Was tat also der Alte?

Schreiben Sie ungefähr 130 Worte, und erfinden Sie einen Titel!
Benutzen Sie mindestens fünf der folgenden Ausdrücke:

vorige Woche

Da er zu spät aufgestanden war, . . .

in großer Eile

Da die Schule ziemlich weit war, . . .

zwanzig Minuten später

Weil er eine halbe Stunde brauchte, um in die Schule zu kommen, . . .

Um schneller zu arbeiten, legte er die Bücher . . .

zu seinem Erschrecken

leider

unglücklicherweise

glücklicherweise

sofort

bald danach

„Mach keine Entschuldigungen!"

„Was das nur sein mag?"

„Wem die wohl gehört?"

18 Frau Meier vergißt ihr Geld!

Erstes Bild

Wohin geht Frau Meier, wenn sie einkaufen muß?

Was wollte sie letzte Woche kaufen?

Um wieviel Uhr verließ sie das Haus?

Was nahm sie mit?

Zweites Bild

Wieviele Eier kaufte sie als erstes?

Was kosteten sie?

Wo legte Frau Meier sie hin?

Drittes Bild

Was gab es in der Feinkostabteilung zu kaufen?

Was wollte Frau Meier kaufen?

Was aß Herr Meier besonders gern – Schinken, Speck, Leberwurst?

Viertes Bild

Was für Backwaren wollte sie kaufen?

Wieviele Brote legte sie in den Korb? Und was noch?

Fünftes Bild

Was für Obst und Gemüse kaufte sie als letztes?

Waren sie teuer oder billig?

Wieviel mußte sie für einen Kopf Salat bezahlen?

Sechstes Bild

Wieviel machte das im ganzen?

Was entdeckte sie, als sie an der Kasse alles bezahlen wollte?

Wo hatte sie ihr Geld gelassen?

Schreiben Sie ungefähr 130 Worte!

Benutzen Sie mindestens fünf der folgenden Ausdrücke:

jede Woche

vorigen Mittwoch

endlich

bald darauf

Weil sie zu Hause kein Brot und keinen Zucker mehr hatte, . . .

kurz nachher

Als sie alles gekauft hatte, . . .

Sicher, daß sie genug Geld bei sich hatte, . . .

Als sie endlich an die Kasse kam, . . .

„Zweiunddreißig Mark fünfundzwanzig, bitte!"

Als sie endlich einen schönen Salat gefunden hatte, . . .

„Ach du meine Güte!"

„Du lieber Himmel!"

Da alles so furchtbar teuer war, . . .

19 Ein Retter in der Not!

Erstes Bild

Wann ging Wolfgang noch einmal zum Briefkasten?

Wo blieb er plötzlich stehen?

Was sah er?

Was rief er?

Wohin lief er?

Zweites Bild

Wo war der Fernsprecher?

Welche Nummer wählte er?

Was sagte er?

Welche Antwort bekam er?

Drittes Bild

Wie lange brauchte die Feuerwehr?

Was hörte Wolfgang von weitem?

Wieviele Männer waren im Wagen?

Beschreiben Sie das Auto!

Viertes Bild

Wer stand am Fenster?

Wo waren die Kinder, als das Feuer begann?

Wovon wachten sie auf?

Was schrien sie?

Fünftes Bild

Wie kam der Feuerwehrmann zum Fenster?

Wen holte er zuerst herunter?

Was rief das Mädchen?

Wie trug der Mann den Jungen?

Sechstes Bild

Was machten die Feuerwehrleute nun?

War das Feuer gelöscht?

Wer lag im Krankenwagen?

Wo stand Wolfgang?

Waren die Eltern der Kinder zu Hause?

Was sagten sie zu Wolfgang, als sie zurückkamen?

Schreiben Sie ungefähr 130 Worte!

Benutzen Sie mindestens fünf der folgenden Ausdrücke:

an einem hellen Sommerabend

in einer stillen Villenstraße

ohne zu zögern

„Es brennt! – in der . . . straße, Nummer . . .“

in Windeseile

mit Blaulicht

mit lautem Klingeln

während sie schliefen

Durch den Qualm geweckt, . . .

„Wie gut, daß ich . . .“

„Wie können wir Ihnen danken?“

Ohne einen Augenblick zu verlieren, . . .

vier Minuten später

Da der Junge fast tot war, . . .

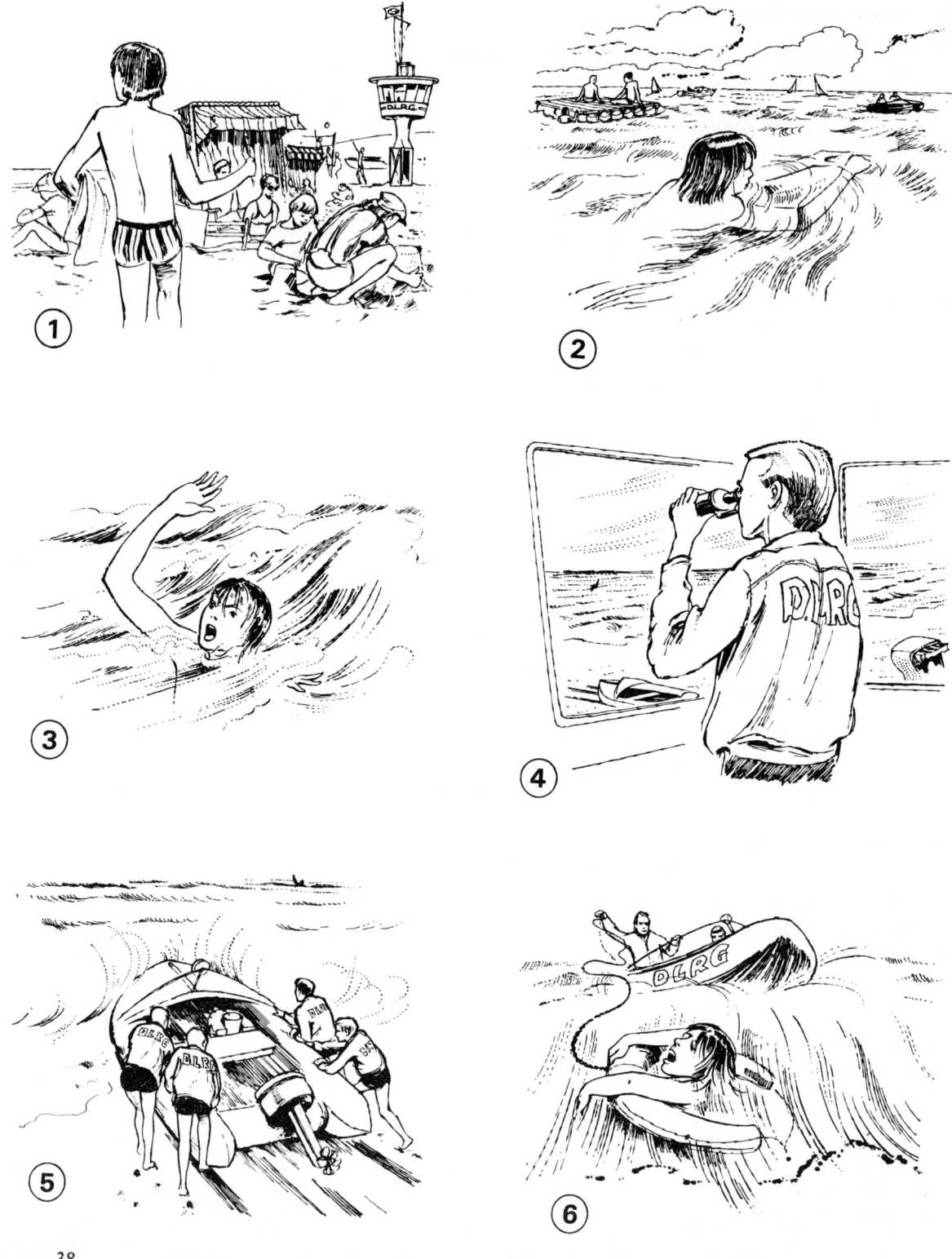

20

Erstes Bild

      Wo verbrachte Helmut seine Ferien?

      Was machten die Leute am Strand?

      Wie war die See?

      Wohin ging Helmut?

      Wer stand im DLRG Wachtturm?

Zweites Bild

      Wo schwamm der Junge bald?

      Wo ruhten sich die anderen Schwimmer aus?

      Welche Fahrzeuge waren auf dem Wasser?

      Wie wurde plötzlich der Himmel?

Drittes Bild

      Wie waren die Wellen jetzt?

      Was rief Helmut?

      War der Strand weit?

      Konnten die Leute ihn sehen oder hören?

Viertes Bild

      Was hatte der Mann im Wachtturm?

      Was beobachtete er? Sah er plötzlich Helmut?

      Wo lag das Rettungsboot? Was mußte er sofort tun?

Fünftes Bild

      Wieviele Leute gehörten zur Rettungsmannschaft?

      Was schoben sie ins Wasser?

      Was für Kleidung trugen sie?

      Wie war die Brandung?

      Wer war am Horizont zu sehen?

Sechstes Bild

      Wann erreichten sie den Schwimmer?

      Wer warf ihm den Rettungsring zu?

      Welchen Eindruck machte der Junge – war er todmüde, erschrocken, fast tot vor Kälte . . . ?

      War das Boot zur rechten Zeit gekommen?

      Was sagte Helmut zu seinen Rettern, als sie ans Land kamen?

Schreiben Sie ungefähr 130 Worte, und erfinden sie einen Titel!
Benutzen Sie mindestens fünf der folgenden Ausdrücke:

am Badestrand

„Hilfe!"

an der Ostsee

„Ich ertrinke!"

an einem Badestrand der Nordsee

„Los!"

fünf Minuten später

„Macht schnell!"

Ohne einen Augenblick zu verlieren, . . .

Um sich auszuruhen, saßen die Leute . . .

Um Sandburgen zu bauen, gingen die Kinder . . .

bald

kurz danach

völlig erschöpft

zitternd vor Kälte

Da die Brandung sehr stark war, . . .

Als er durch das Fernrohr sah, . . .

1

2

3

4

5

6

21 Herr Kuhn läßt ein Haus bauen

Erstes Bild

    Wohin fuhr die Familie Kuhn eines Tages?

    Beschreiben Sie die Landschaft!

    Was machten die Kinder?

    Was wollte der Vater seiner Familie zeigen?

    Was sagte er?

Zweites Bild

    Wann begann man, das Haus zu bauen?

    Was machten die Leute auf dem Bauplatz?

    Wer hatte den Betonmischer gefahren?

Drittes Bild

    Wer feierte mit Familie Kuhn das Richtfest?

    Was tranken sie? Was tranken die Kinder?

    Was hing im Dachstuhl?

    Welche Farbe hatte der Richtkranz?

    Wieviele Zimmer hatte das Haus?

    Konnte die Familie schon im Haus wohnen?

    Was fehlte noch?

Viertes Bild

    Was brachte der Möbelwagen?

    Woher kam er?

    Wie war der Weg zum Haus?

    Wie sah der Garten noch aus?

    Was mußten sie im Garten noch alles tun?

Fünftes Bild

    In welchem Zimmer saßen sie am selben Abend?

    Wie war der Tisch gedeckt?

    Was sagten sie zueinander?

Sechstes Bild

    Wie lange ist es her, daß Familie Kuhn eingezogen ist?

    Welche Jahreszeit ist es jetzt?

    Beschreiben Sie Haus und Garten!

    Wo sind sie alle heute?

    Was sagen sie, wenn Besuch kommt?

Schreiben sie ungefähr 130 Worte!
Benutzen Sie mindestens fünf der folgenden Ausdrücke:

an einem Spätsommertag
eines schönen Herbsttages
Im Hintergrund sahen sie ...
um ihnen den Bauplatz, den er gekauft hatte, zu zeigen
Nachdem sie die Mauern aufgerichtet hatten, ...
voller Lehm und Dreck
um einen festlich gedeckten Tisch
„Herzlich Willkommen im neuen Haus!"
im Kellergeschoß
acht Monate später
am Ende des Jahres
erst im folgenden Frühling

22

Erstes Bild

> Wann telefonierte der junge Mann?
>
> Was sagte er am Telefon?
>
> Was antwortete seine Freundin?
>
> Wann wollten sie ausgehen?
>
> Was wurde im Opernhaus gespielt?

Zweites Bild

> Wann kaufte er die Karten?
>
> Wieviel mußte er bezahlen?
>
> Waren es gute Plätze?
>
> Was zeigte ihm die Dame an der Kasse?

Drittes Bild

> Wann stand er in der Vorhalle?
>
> Warum guckte er auf die Uhr?
>
> Was machten die jungen Leute hinter ihm?

Viertes Bild

> Warum war seine Freundin noch nicht in der Oper?
>
> Worauf zeigte ihre Mutter, und was sagte sie?
>
> Was mußte das junge Mädchen noch alles tun, bis sie fertig war?

Fünftes Bild

> Wann kam sie endlich im Opernhaus an?
>
> Wie sah sie aus?
>
> Machte ihr Freund ein böses, beleidigtes oder freundliches Gesicht?
>
> Was sagte sie, und was antwortete er?

Sechstes Bild

> Hatte die Oper schon angefangen?
>
> Was spielte das Orchester?
>
> Wo waren ihre Plätze?
>
> Was sagte der Herr vor ihnen?

Schreiben Sie ungefähr 130 Worte und erfinden Sie einen Titel!
Benutzen Sie mindestens fünf der folgenden Ausdrücke:

am Wochenende
während der Woche
Um die Karten vorher zu kaufen, ging er . . .
im ersten Rang
im Parkett
Da die Karten teurer waren, als er gedacht hatte, . . .
Während er ungeduldig wartete, . . .
eine Menge Leute
zwanzig Minuten später
„Sieh auf die Uhr!"
am nächsten Abend
Ohne sich zu beeilen, . . .
Weil alle Plätze besetzt waren, . . .
mit einer Viertelstunde Verspätung
„Sei mir nicht böse!"
„Das macht aber nichts!"
mit einem unwilligen Blick

23 Ein Verkehrssünder

Erstes Bild

Welcher Tag war heute?
Warum war Herr Mester ärgerlich?
Wann sollte er zu Hause sein?
Wie spät war es jetzt?
Was sollte er noch für seine Frau besorgen?

Zweites Bild

Wie zeigte die Verkehrsampel?
Was tat Herr Mester trotzdem?
Was wäre beinahe geschehen?
Warum tutete der andere Fahrer?

Drittes Bild

Wer lief vor dem Auto über den Fahrdamm?
Wo überquerten sie die Straße?
Was muß ein Autofahrer an einem Fußgängerübergang immer tun?
Was riefen die Leute ärgerlich?

Viertes Bild

Wohin fuhr Herr Mester nun?
Was hatte er nicht beachtet – war das eine Einbahnstraße?
Warum wurde er ungeduldig?
Warum waren die Leute so entsetzt?

Fünftes Bild

Was hatte Herr Mester vergessen?
Warum stieg er aus?
Was bemerkte er nicht?
Warum durfte er hier nicht parken?

Sechstes Bild

Wann kam der Polizist die Straße entlang?
Was sah er?
Was holte er aus seiner Tasche heraus?
Wohin steckte er den Strafzettel?
Wieviel Strafe mußte Herr Mester bezahlen?
Was sagte er, als er zu seiner Frau nach Hause kam?

Schreiben Sie ungefähr 130 Worte!
Benutzen Sie mindestens fünf der folgenden Ausdrücke:

ein Unglückstag
ein schlechter Tag
viel Ärger
Während er einstieg, . . .
beim Einsteigen
„Ein unvernünftiger Fahrer!"
„Bei rotem Licht!"
„So eine Frechheit!"
„Unerhört!"
der Fußgängerübergang
gegen die Einbahnstraße
als ihm plötzlich einfiel, was . . .
Parkverbot
Halteverbot
die Windschutzscheibe

24

Erstes Bild

Wo verbrachten die vier Kameraden ihre Ferien?

Wie hießen die Freunde?

Was taten sie eines Tages? Wo schwammen sie?

Wie war das Wetter?

Zweites Bild

Wer kam in einem Segelboot angefahren?

Fuhren sie schnell?

War es windig?

Drittes Bild

Wo waren sie, als das Boot plötzlich kenterte?

Hatten die vier Kameraden den Unfall gesehen?

Viertes Bild

Warum war es den Seglern zu schwierig, das Boot wieder aufzurichten?

Waren sie müde, erschrocken, naß; zitterten sie vor Kälte?

Wehte der Wind immer noch so stark?

Wer kam den Unglücklichen zur Hilfe?

Wie lange dauerte es, bis sie die zwei ans Ufer brachten?

Konnte jeder gut schwimmen?

Fünftes Bild

Wie fühlten sie sich, als sie endlich ans Land kamen?

War es warm in der Sonne?

Wie trockneten sie ihre nassen Kleider?

Was gab es zu essen und zu trinken?

Was sagten sie den vier Schwimmern?

Wer richtete das Segelboot auf?

War es leichter da, wo das Wasser ruhig und nicht so tief war?

Sechstes Bild

Wann segelten die zwei wieder ab?

Waren sie völlig erholt?

Waren ihre Kleider wieder trocken?

War alles im Boot in Ordnung?

Was sagten sie den vier Freunden?

Was antworteten diese?

Schreiben Sie ungefähr 130 Worte und erfinden Sie einen Titel!
Benutzen Sie mindestens fünf der folgenden Ausdrücke:

Während sie ihre Ferien in der Schweiz verbrachten, . . .
letzten Sommer
am Ufer eines kleinen Sees
in der heißen Sonne
plötzlich
Ohne einen Augenblick zu zögern, . . .
Da die vier sehr gute Schwimmer waren, . . .
müde und durchnäßt
eine Stunde später
„Wie gut für uns, daß ihr da gewesen seid!"
Weil das Boot jetzt in flacherem Wasser lag, . . .
Da der Sturm vorbei war, . . .
eine Stunde später
nach kurzem Überlegen

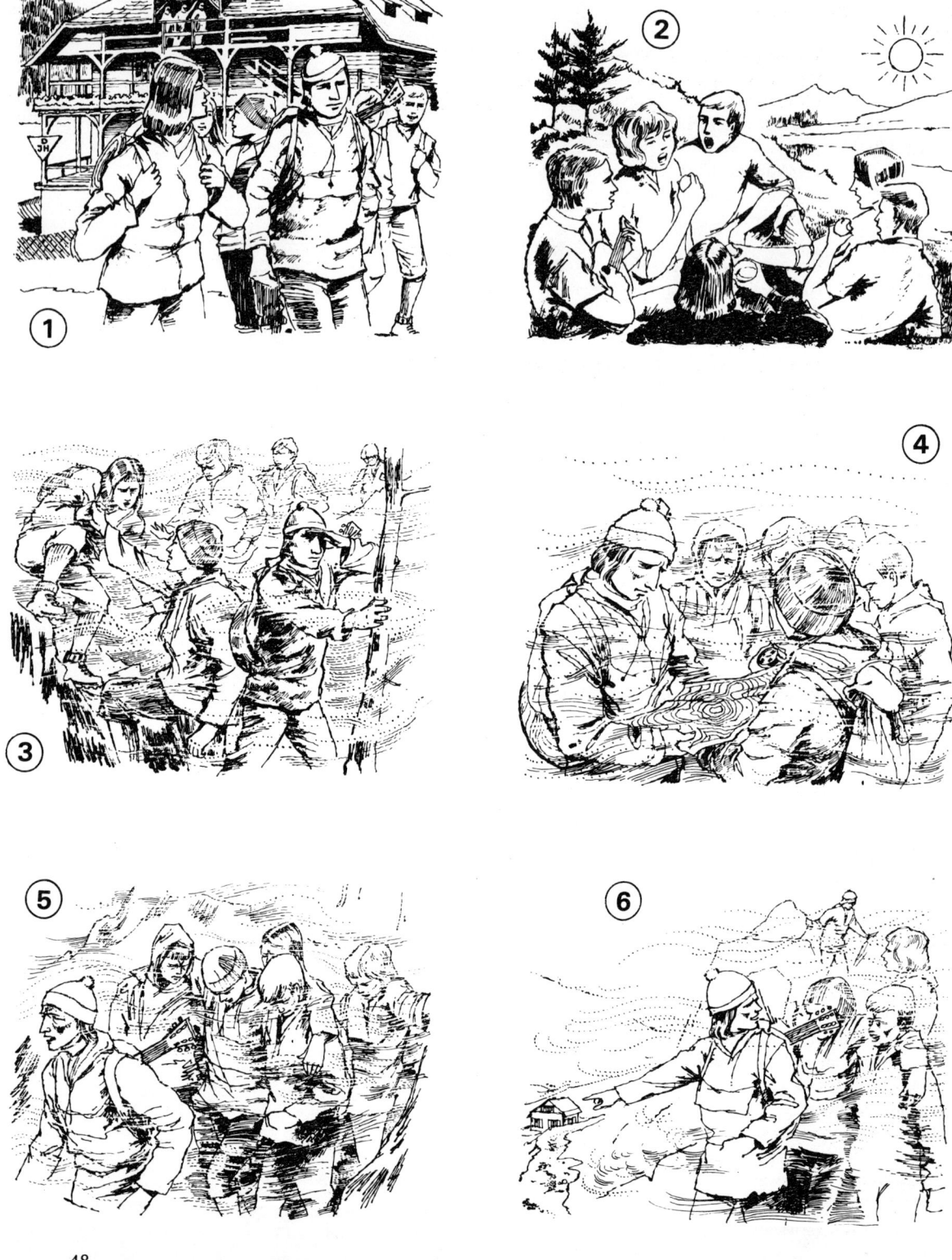

25   Eine Bergwanderung I

Erstes Bild

> Wo verbrachten die jungen Leute ihre Ferien?
> Wieviele Mitglieder waren in der Gruppe?
> Wie alt waren sie – und wie alt war Hans, der Gruppenführer?
> Was trugen sie alle?

Zweites Bild

> Wo machten sie eine Pause?
> Wie war das Wetter, als sie den kleinen See hoch in den Bergen erreichten?

Drittes Bild

> Wie wurde das Wetter plötzlich, als sie den Gipfel des Berges erreichten?
> Was muß man bei nebeligem Wetter tun?
> Was passierte einem der Jungen? Wie halfen die Kameraden ihm?

Viertes Bild

> Was beschloß Hans zu tun?
> Kannte er eine Berghütte in der Nähe?
> Wo lag sie?
> Was fanden sie, als sie die Karte studierten?
> Hatten sie einen Kompaß?
> Würde es möglich sein, bei solchem Wetter die Hütte vor Einbruch der Dunkelheit zu erreichen?

Fünftes Bild

> Wer ging voraus?
> Gingen sie bergauf oder bergab?
> Wurde der Nebel immer dichter?
> Wie lange brauchten sie, um den Weg zu finden?
> Wie wurden die jüngeren Mitglieder der Gruppe?
> Sprachen sie viel? Hatten sie Angst? Waren sie todmüde?

Sechstes Bild

> Was sahen sie endlich im Tal?
> Wie wurde der Nebel?
> Was sagte Hans? Und die anderen?
> Wie war ihnen jetzt zumute?

Schreiben Sie ungefähr 130 Worte!
Benutzten Sie mindestens fünf der folgenden Ausdrücke:

letzten Sommer
etwas spät im Sommer
letzten Monat
nach dreistündigem Anstieg
vier Stunden später
bei solchem Wetter
in voller Zuversicht auf Hans
Da der Nebel immer dichter wurde, . . .
Weil es fast unmöglich war, den Weg zu finden, . . .
Als es fast dunkel geworden war, . . .
bei Einbruch der Dunkelheit
vor Kälte zitternd
Obwohl er selber Angst hatte, . . .
müde, hungrig und durchnäßt
glücklicherweise

26 Eine Bergwanderung II

Erstes Bild

Wann setzten sie ihre Bergwanderung fort?

Wie war das Wetter?

Wie war es ihnen heute morgen zumute?

Zweites Bild

Wann verrenkte sich Bruno den Fuß?

Was rief er plötzlich?

Was taten die anderen?

Drittes Bild

Wer nahm ihm den Stiefel ab?

Womit verbanden sie den Fuß?

War es schlimm?

Würde es ihm möglich sein, weiterzugehen?

Würden sie ihn tragen müssen?

Viertes Bild

Woraus machten sie eine Tragbahre?

Wer schnitt die Äste vom Baum ab?

Wer legte ihre Zeltbahn darauf?

Fünftes Bild

Ging es jetzt bergauf oder bergab?

Wie lange trugen sie Bruno?

Ging es schnell?

Waren sie weit vom Dorf?

Sechstes Bild

Wer kam ihnen endlich entgegen?

Warum beglückwünschte der Führer der Rettungsmannschaft Hans und seine Gruppe?

Hatten sie vernünftig gehandelt?

Waren sie erfahrene Bergsteiger?

Schreiben Sie ungefähr 130 Worte!

Benutzen Sie mindestens fünf der folgenden Ausdrücke:

bei Tagesanbruch
stundenlang
Sobald es hell wurde, . . .
fast erschöpft
plötzlich
endlich
mit lautem Schrei
eine Stunde später
Als sie ihm den Stiefel auszogen, . . .
Um eine Tragbahre anzufertigen, . . .
mit nur zwei Ästen und ihrer Zeltbahn
Als sie endlich den richtigen Weg zum Dorf wiederfanden, . . .
Weil die Jungen noch nicht angekommen waren, ging die Rettungsmannschaft . . .

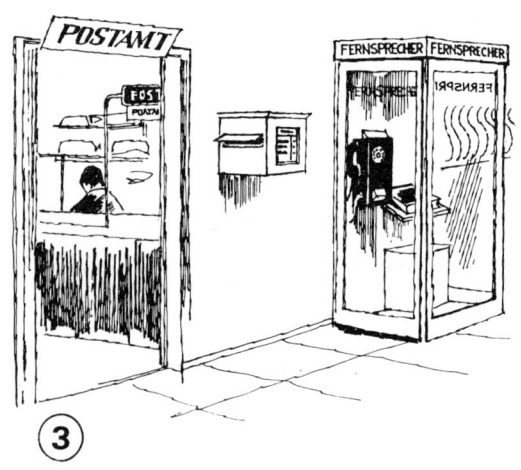

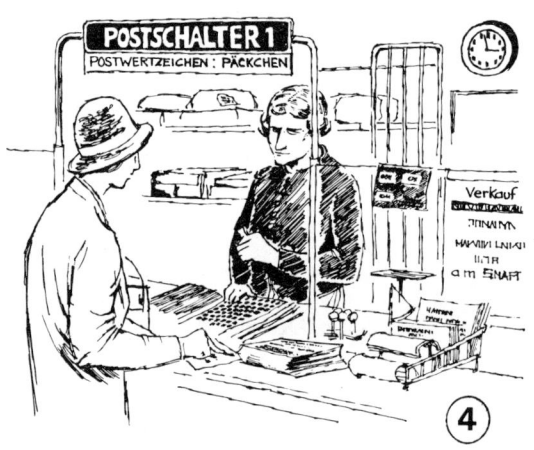

52

27

Erstes Bild

        Wie hieß die Dame?

        Wo saß sie?

        Wo war ihre Familie?

        An wen schrieb sie einen Brief?

Zweites Bild

        Was wollte sie dann tun?

        Was zog sie an?

        Wo legte sie ihre Handtasche mit dem Brief hin?

        War der Brief sehr eilig?

        Wollte sie sofort ins Postamt gehen?

Drittes Bild

        Wann erreichte sie das Postamt?

        Wieviele Menschen arbeiteten dort?

        Wann waren die Schalterstunden?

        Wann wurde der Briefkasten geleert?

Viertes Bild

        Was brauchte die Dame für ihren Brief?

        Was sagte sie zu der Postbeamtin?

        Wieviel Geld mußte die Dame bezahlen?

        Kaufte sie sonst noch etwas?

        Was wollte sie dann gleich tun?

Fünftes Bild

        Wen traf sie draußen vor der Tür?

        Wovon redeten die Frauen?

        Wie lange hatten sie sich nicht gesehen?

        Wie lange standen sie beieinander?

        Wann verabschiedeten sie sich endlich?

Sechstes Bild

        Was machte die Dame, als sie zu Hause ankam?

        Was holte sie aus ihrer Handtasche?

        Was sagte sie?

        Ging sie wieder zurück oder wartete sie bis morgen?

Schreiben Sie ungefähr 130 Worte und erfinden Sie einen Titel!
Benutzen Sie mindestens fünf der folgenden Ausdrücke:

nach dem Frühstück

Wenn alle fort waren, . . .

Weil sie keine Briefmarken im Haus hatte, . . .

„Wieviel kostet ein Brief ins Ausland?"

nach einer langen Unterhaltung

„Ach wie dumm!"

„Na, so was!"

Weil der Brief eilig war, mußte sie . . .

Weil sie sich sehr lange nicht gesehen hatten, redeten sie . . .

eine Stunde später

Als sie endlich zu Hause ankam, . . .

28 Volker auf Abwegen

Erstes Bild

Zu welcher Jahreszeit fuhr die Familie Hansen auf Urlaub?

Wohin?

Wann kamen sie zum Bahnhof?

Welche Gepäckstücke mußten sie tragen?

Zweites Bild

Wohin gingen sie zuerst?

Was mußte Herr Hansen tun?

Was sagte er zum Schalterbeamten?

Worauf mußten seine Frau und die Kinder warten?

Wohin wollte Volker gerne gehen?

Drittes Bild

Wer ging dann die Treppen hinunter?

Wo stand der Zug?

War er sehr voll?

Was sagte der Vater zu seiner Familie?

Viertes Bild

Was merkten sie plötzlich?

Wer war nicht mit ihnen auf dem Bahnsteig?

Was sagten sie zum Bahnpolizisten?

Welche Antwort gab er ihnen?

Fünftes Bild

Wohin ging der Beamte dann?

Was für einen Film gab es?

Wer saß im Kino?

Waren viele Leute im Kino?

Woran erkannte der Beamte Volker?

Was sagte er zu ihm?

Sechstes Bild

Wohin gingen die beiden sofort?

Was sagten die Eltern?

Waren sie froh oder böse?

Was sagten sie zu dem Beamten?

Schreiben Sie ungefähr 130 Worte!
Benutzen Sie mindestens fünf der folgenden Ausdrücke:

letzten Sommer
um 21 Uhr
Weil sie es nicht eilig hatten, . . .
Weil an dem Schalter eine lange Schlange war, . . .
Weil Sie so aufgeregt waren, . . .
„Das lassen Sie mich mal machen!"
in der Zwischenzeit
Der Zug, der in Gleis zwei eingelaufen war, . . .
bald nachher
sofort
Als ein Beamter der Bahnpolizei herankam, . . .
„Na, dann gute Reise!"

29   Die Polizei dein Freund und Helfer!

Erstes Bild

Wie hießen die Jungen?

Wohin radelten sie?

Wie fuhren sie auf der Landstraße?

War das gefährlich? Ist es erlaubt, Arm in Arm zu fahren?

Was sangen sie dabei?

Zweites Bild

Wer hielt plötzlich hinter ihnen?

Was fragten die Polizisten?

Was antworteten die Jungen?

Warum ärgerten sie sich?

Durften sie weiterfahren?

Drittes Bild

Wie setzten sie ihre Radfahrt fort?

Wohin fuhr das Polizeiauto?

Was sahen sie in der Ferne liegen?

Was sagten sie zueinander?

Viertes Bild

Wo hatten sie ihr Zelt aufgeschlagen?

Was kochten sie sich zum Abendessen?

Wo hatten sie ihre Räder hingestellt?

Wie spät war es? Was wollten sie gleich nach dem Essen tun?

Fünftes Bild

Was geschah während der Nacht?

Waren die Räder angeschlossen?

Wohin ging der Dieb? Kam er weit?

Sechstes Bild

Was sahen die Jungen am nächsten Morgen, als sie aufwachten?

Wohin gingen sie sofort?

Was gab ihnen der Polizist?

Was sagte er?

Wo war der Dieb?

Schreiben Sie ungefähr 130 Worte!
Benutzen Sie mindestens fünf der folgenden Ausdrücke:

an einem herrlichen Sommertag
zu Anfang der Ferien
Arm in Arm
nebeneinander
hintereinander
Als sie die Polizeisirene hörten, . . .
Ob sie nicht wüßten, daß man nicht . . .
Sie hätten nicht daran gedacht, daß . . .
„Für heute Schluß!"
am Waldrand
Da sie hundemüde waren, . . .
bei Nacht und Nebel

hinter Schloß und Riegel
am nächsten Morgen
Als sie erwachten, . . .
letzten Sommer

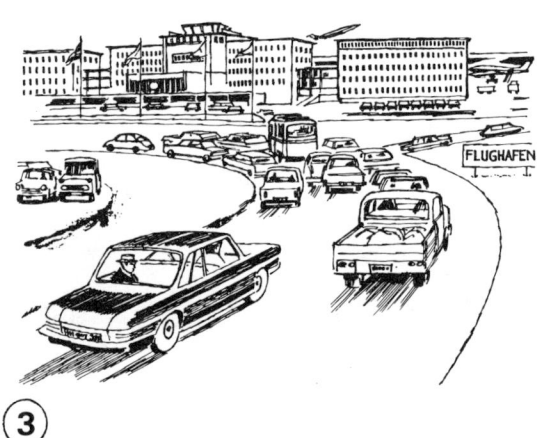

30

Erstes Bild

    Zu welcher Tageszeit geschah der Raubüberfall? und wo?

    Wieviele Männer waren beteiligt?

    Was trug der Mann ins Auto?

    Wie war der Verkehr?

Zweites Bild

    Wann kam die Polizei an den Tatort?

    Was berichtete der Bankbeamte? War er verletzt?

    Warum waren plötzlich so viele Menschen da?

    Was mußte die Polizei tun?

Drittes Bild

    Wohin fuhr das Auto der Bankräuber?

    Was wollten sie tun?

    Wo würden sie das Auto lassen?

    Wohin würden sie dann gehen?

Viertes Bild

    Wie spät war es jetzt?

    Wann flog ihre Maschine ab?

    Wohin hatten sie gebucht? Wollten sie ins Ausland fliegen?

    Was hatten die Männer bei sich?

    Wie war der Verkehr am Flugplatz?

Fünftes Bild

    Wo standen die drei nun?

    Was prüften die Beamten?

    Waren die Männer ruhig – nervös – aufgeregt?

    Wer wartete noch in der Schlange?

Sechstes Bild

    Wer kam auf das Flugfeld?

    Was wollten die Verbrecher gerade tun?

    Welche Worte gebrauchten die Polizisten?

    Wohin wurden sie gebracht?

    Was stand am nächsten Tag in der Zeitung?

Schreiben Sie ungefähr 130 Worte, und erfinden Sie einen Titel!
Benutzen Sie mindestens fünf der folgenden Ausdrücke:

gegen neun Uhr
kurz nach neun Uhr
in einer deutschen Großstadt
im Berufsverkehr
im stärksten Verkehr
es sammelte sich eine Menschenmenge an
Als die Pässe geprüft wurden, . . .
in allerletzter Minute
„Sie sind verhaftet!"
eine Viertelstunde später
sofort
Weil die Männer Masken trugen, . . .
Während sie an der Zollkontrolle warteten, . . .
Ohne einen Augenblick zu verlieren, . . .

1

2

3

4

5

6

1

2

3

4

5

6

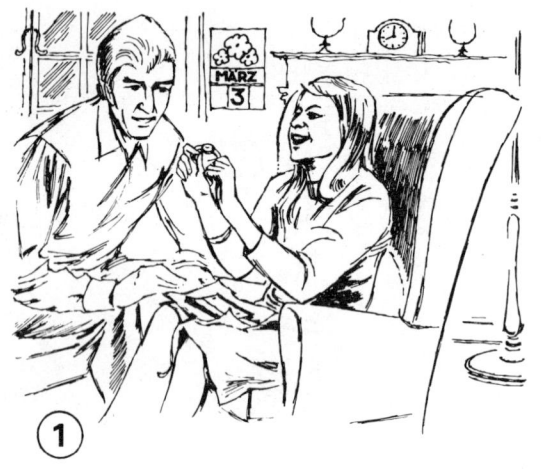